Impressum
Verlag: BABADADA GmbH, Nedderfeld 112 , 22529 Hamburg
Geschäftsführer / Verlagsleitung: Harald Hof
Druck: Books on Demand GmbH, In de Tarpen 42, 22848 Norderstedt

Imprint
Publisher: BABADADA GmbH, Nedderfeld 112 , 22529 Hamburg, Germany
Managing Director / Publishing direction: Harald Hof
Print: Books on Demand GmbH, In de Tarpen 42, 22848 Norderstedt, Germany

escola
اسکول

sala de aulas
کمرہ جماعت
dividir
تقسیم کریں
quadro
بورڈ
pátio da escola
سکول کا صحن
professor
اُستاد
papel
کاغذ
escrever
لکھنا
caneta
قلم
secretária
میز
régua
پیمانہ
livro
کتاب
aluno
شاگرد

mochila

بستہ

estojo de lápis

پینسل کیس

lápis

پینسل

afia-lápis

پینسل شارپنر

borracha

ربڑ

bloco de desenho

ڈرائنگ پیڈ

desenho

ڈرائنگ

pincel

پینٹ برش

caixa de tintas

پینٹ باکس

tesoura

قینچی

cola

گوند

livro de exercícios

مشق کی کاپی

trabalhos de casa

ہوم ورک

número

ہندسہ

2+2

somar

جمع کریں

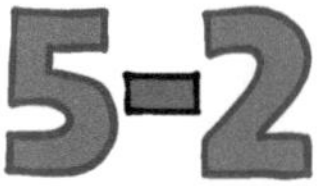

5-2

subtrair

منفی کریں

2×2

multiplicar

ضرب دیں

calcular

شمار کریں

A

letra

خط

ABCDEFG
HIJKLMN
OPQRSTU
VWXYZ

alfabeto

حروف تہجی

palavra

لفظ

texto

متن

ler

پڑھنا

giz

چاک

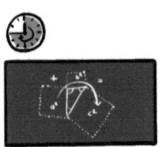

hora

سبق

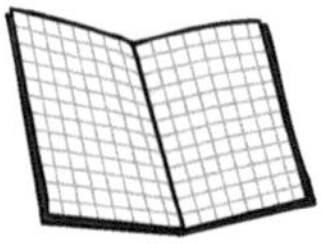

registo de presenças

اندراج

exame

امتحان

certificado

سند

uniforme escolar

سکول یونیفارم

educação

تعلیم

enciclopédia

انسائیکلوپیڈیا

universidade

یونیورسٹی

microscópio

خورد بین

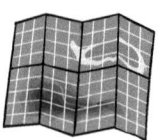

mapa

نقشہ

cesto de lixo

ویسٹ پیپرباسکٹ

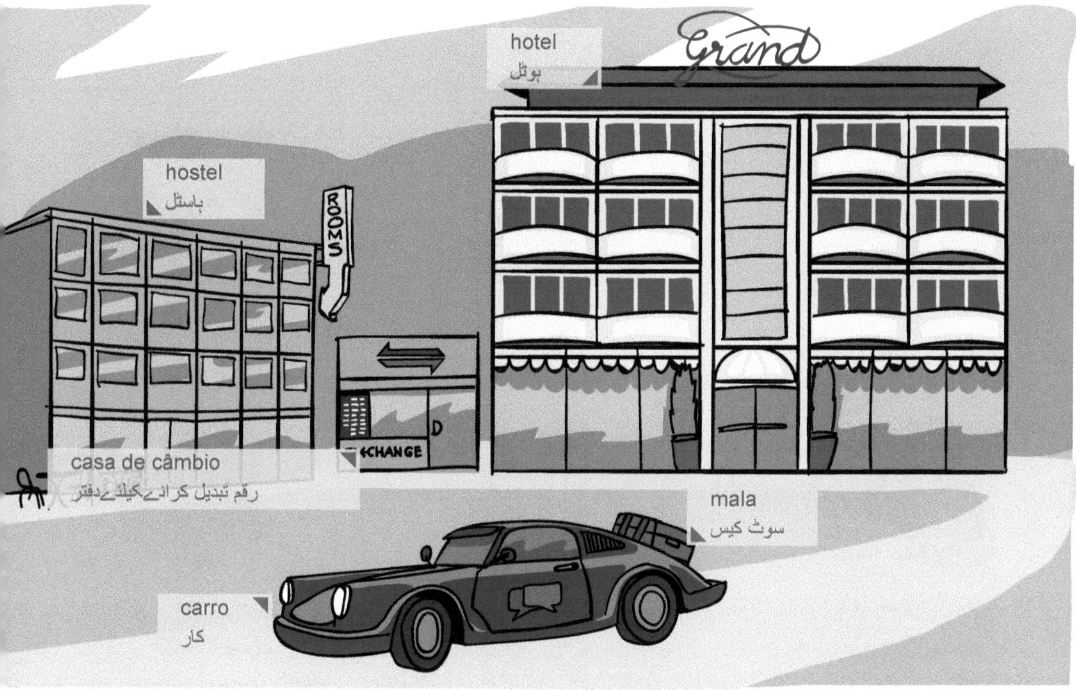

hotel
ہوٹل
Grand
hostel
ہاسٹل
ROOMS
casa de câmbio
رقم تبدیل کرانے کیلئے دفتر
€CHANGE
mala
سوٹ کیس
carro
کار

idioma

زبان

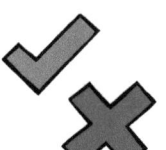

sim / não

ہاں / نہیں

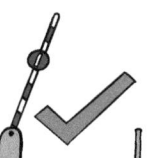

ok / certo / correto

ٹھیک ہے

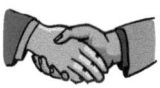

olá

ہیلو

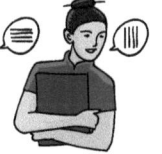

intérprete

مُترجم

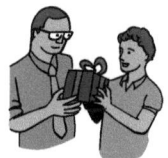

obrigado

شُکریہ

quanto é que custa... ?

کی کیا قیمت ہے؟ ---

não entendo

میں نہیں سمجھتا

problema

مشکل

boa noite!

شام بخیر!

Bom dia!

صبح بخیر!

Boa noite!

شب بخیر!

adeus

الوداع

direção

سمت

bagagem

سفری سامان

saco

بیگ

mochila

بیگ پیک

convidado

مہمان

quarto

کمرہ

saco-cama

سلیپنگ بیگ

tenda

ٹینٹ

informação turística

سیاحوں کے لئے معلومات

praia

ساحل

cartão de crédito

کریڈٹ کارڈ

pequeno-almoço

ناشتہ

almoço

لنچ

jantar

ڈنر

bilhete

ٹکٹ

elevador

لفٹ

selo postal

مُہر

fronteira

سرحد

alfândega

کسٹمز

embaixada

سفارت خانہ

visto

ویزا

passaporte

پاسپورٹ

transporte

نقل وحمل

avião
ہوائی جہاز
navio
سمندری جہاز
carro de bombeiros
آگ بُجھانے والی گاڑی
camião
ٹرک
autocarro
بس
barco a motor
موٹربوٹ
bicicleta
سائیکل
carro
کار

cacilheiro

فیری

barco

کشتی

mota

موٹرسائیکل

carro de polícia

پولیس کار

carro de corrida

ریسنگ کار

carro alugado

کرایہ پرکار

carsharing

کارکا اشتراک کرنا

camião de reboque

کھینچنےوالا ٹرک

camião do lixo

کوڑے والا ٹرک

motor

کار

combustível

ایندھن

estação de serviço

پٹرول اسٹیشن

sinal de trânsito

ٹریفک کےنشانات

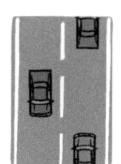

trânsito

ٹریفک

congestionamento de trânsito

ٹریفک جام

parque de estacionamento

کارپارک

estação ferroviária

ٹرین اسٹیشن

carris

پٹڑیاں

comboio

ٹرین

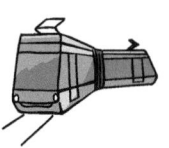

elétrico

ٹرام

carruagem

ویگن

helicóptero

ہیلی کاپٹر

aeroporto

ائرپورٹ

torre

ٹاور

passageiro

مسافر

contentor

کنٹینر

caixa de papelão

ڈبہ

carrinho

ریڑھا

cesto

ٹوکری

levantar voo / aterrar

اُڑان بھرنا / زمین پراُترنا

cidade

شہر

aldeia

گاؤں

centro da cidade

سٹی سنٹر

casa

مکان

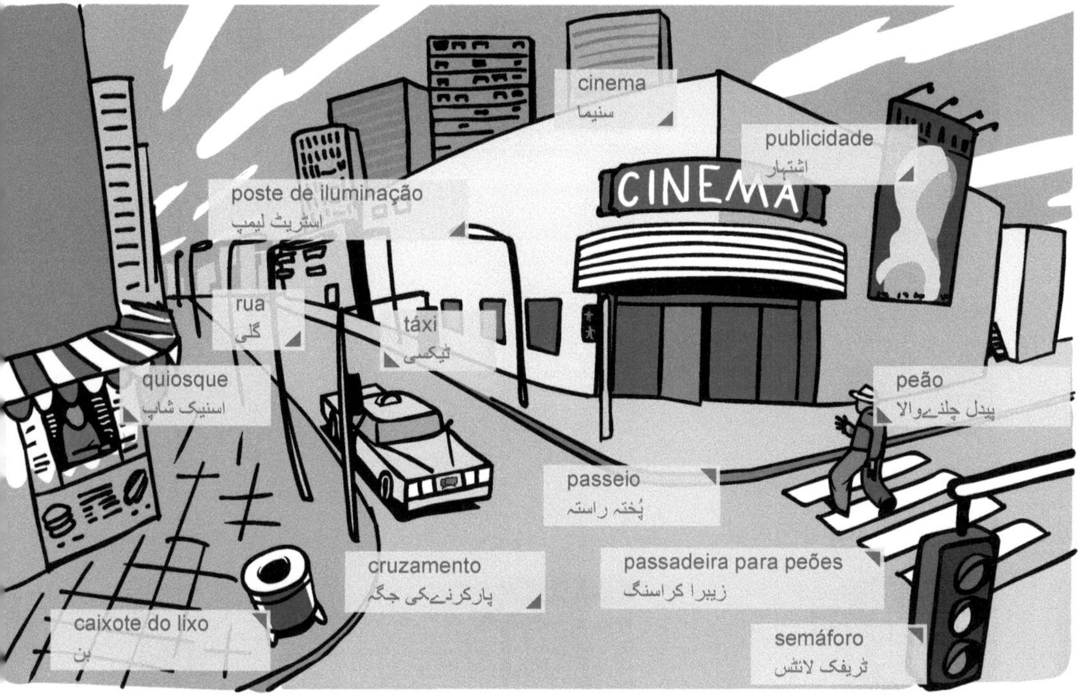

cinema
سنیما

publicidade
اشتہار

poste de iluminação
اسٹریٹ لیمپ

CINEMA

rua
گلی

táxi
ٹیکسی

quiosque
اسنیک شاپ

peão
پیدل چلنےوالا

passeio
پُختہ راستہ

cruzamento
پارکرنےکی جگہ

passadeira para peões
زیبرا کراسنگ

caixote do lixo
بن

semáforo
ٹریفک لائٹس

cabana
ہٹ

apartamento
فلیٹ

estação ferroviária
ٹرین اسٹیشن

câmara municipal
ٹاؤن ہال

museu
عجائب گھر

escola
اسکول

universidade

یونیورسٹی

banco

بینک

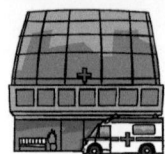

hospital

ہسپتال

hotel

ہوٹل

farmácia

فارمیسی

escritório

دفتر

livraria

کتابوں کی دکان

loja

دکان

florista

پھولوں کی دُکان

supermercado

سُپر مارکیٹ

mercado

مارکیٹ

loja de departamentos

ڈیپارٹمنٹ سٹور

peixaria

مچھلی کی دُکان

centro comercial

شاپنگ سنٹر

porto

بندرگاہ

parque

پارک

banco

بنچ

ponte

پُل

escadas

سیڑھیاں

metro

انڈرگراؤنڈ

túnel

سرُنگ

paragem de autocarro

بس اسٹاپ

bar

شراب خانہ

restaurante

ریسٹورنٹ

caixa de correio

پوسٹ باکس

sinal de trânsito

اسٹریٹ سائن

parquímetro

پارکنگ میٹر

jardim zoológico

چڑیا گھر

piscina

سوئمنگ پول

mesquita

مسجد

quinta

کھیت

poluição

آلودگی

cemitério

قبرستان

igreja

چرچ

parque infantil

کھیل کا میدان

templo

مندر

paisagem

منظر

folha
پتہ

placa de sinalização
راہنمائی کے لئے لگا ہوا بورڈ

caminho
راستہ

prado
سبزہ زار

pedra
پتھر

árvore
درخت

caminhantes
پیدل چلنے والا، ہائکر

rio
دریا

relva
گھاس

flor
پھول

vale

وادی

montanha

پہاڑی

lago

جھیل

floresta

جنگل

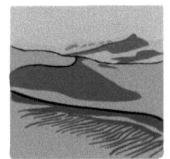

deserto

صحرا

vulcão

آتش فشاں

castelo

قلعہ

arco-íris

قوس قزح

cogumelo

کھمبی

palma

کجھورکا درخت

mosquito

مچھر

mosca

مکھی

formiga

چیونٹی

abelha

مکھی

aranha

مکڑا

besouro
بھونرا

sapo
مینڈک

esquilo
گلہری

ouriço
خارپُشت

lebre
خرگوش

coruja
اُلو

pássaro
پرندہ

cisne
راج ہنس

javali
سؤر

veado
ہرن

alce
امریکی بارہ سنگھا

barragem
ڈیم

turbina eólica
ہوا سےچلنےوالی ٹربائین

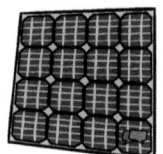

painel solar
سولرپینل

clima
آب وہوا

restaurante

ریسٹورنٹ

empregado de mesa
ویٹر
menu
مینیو
cadeira
کرسی
sopa
سوپ
pizza
پیزا
toalha de mesa
ٹیبل کلاتھ
talheres
کٹلری

entrada

اسٹارٹر

prato principal

مین کورس

sobremesa

ڈیزرٹ

bebidas

مشروبات

comida

کھانے کی اشیاء

garrafa

بوتل

fast food

فاسٹ فوڈ

comida de rua

اسٹریٹ فوڈ

bule de chá

چائےدانی

açucareiro

شوگرباکس

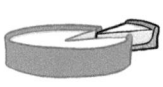

porção

حصہ

máquina de café expresso

ایسپریسو مشین

cadeira alta

اونچی کُرسی

conta

بل

bandeja

ٹرے

faca

چھُری

garfo

کانٹا

colher

چمچ

colher de chá

چائےکا چمچ

guardanapo

سرووینیٹی

copo

شیشہ

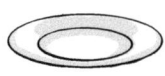

prato

پلیٹ

prato de sopa

سوپ پلیٹ

pires

طشتری

molho

چٹنی

saleiro

سالٹ شیکر

moinho de pimenta

پیپرمل

vinagre

سرکہ

óleo

خوردنی تیل

especiarias

مصالحے

ketchup

کیچپ

mostarda

سرسوں

maionese

میئونیز

supermercado

سُپرمارکیٹ

oferta especial
خصوصی پیشکش
cliente
گاہک
laticínios
ڈیری
fruta
پھل
carrinho de compras
ٹرالی

talho

گوشت کی دُکان

padaria

بیکری

pesar

وزن کرنا

vegetais

سبزیاں

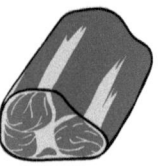

carne

گوشت

alimentos congelados

جما ہوا کھانا

charcutaria

كولڈ كٹس

comida enlatada

ڈبے میں بند كھانا

detergente em pó

واشنگ پاؤڈر

doces

مٹھائیاں

artigos domésticos

گھریلو مصنوعات

produtos de limpeza

صاف كرنے كیلئے مصنوعات

vendedora

سیلز پرسن

caixa

كیش رجسٹر

caixa

كیشنیر

lista de compras

خریداری كی فہرست

horário de funcionamento

اوقات كار

carteira

بٹوہ

cartão de crédito

كریڈٹ كارڈ

saco

تھیلا

saco de plástico

پلاسٹك كے تھیلے

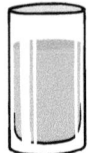

bebidas

مشروبات

água

پانی

sumo

جوس، رس

leite

دودھ

coca-cola

کوک

vinho

وائن

cerveja

بیئر

álcool

الکوحل

cacau

کوکوآ

chá

چائے

café

کافی

café expresso

ایسپریسو

capuccino

کیپاچینو

banana

کیلا

maçã

سیب

laranja

مالٹا

melão

خربوزہ

limão

لیموں

cenoura

گاجر

alho

لہسن

bambu

بانس

cebola

پیاز

cogumelo

کھُمبی

nozes

اخروٹ، بادام وغیرہ

talharim

نوڈلز

esparguete

اسپیگیٹی

arroz

چاول

salada

سلاد

batatas fritas

چپس

batatas fritas

تلےگئےآلو

pizza

پیزا

hambúrguer

ہیم برگر

sanduíche

سینڈوچ

bife panado

کٹلیٹ

fiambre

سؤرکی ران کا گوشت

salame

گوشت کی اطالوی ساسیج

salsicha

ساسیج

galinha

مُرغی

assado

روسٹ

peixe

مچھلی

flocos de aveia

جئی کا دلیہ

muesli

میوزلی

flocos de milho

کارن فلیکس

farinha

آٹا

croissant

کروئیسنٹ

carcaça (pãozinho)

بریڈ رول

pão

بریڈ

torrada

ٹوسٹ

biscoitos

بسکٹ

manteiga

مکھن

requeijão

دہی

bolo

کیک

ovo

انڈا

ovo estrelado

فرائی کیا گیا انڈہ

queijo

پنیر

gelado

آئس کریم

açúcar

چینی

mel

شہد

compota

جام

creme de nougat

ناؤگٹ کریم

caril

سالن

comida - کھانے کی اشیاء

quinta
کھیت

casa de quinta
فارم ہاؤس
celeiro
کھلیان
fardo de palha
تنکوں کی گانٹھ
campo
کھیت
cavalo
گھوڑا
reboque
ٹریلر
trator
ٹریکٹر
potro
گھوڑے کا بچہ
burro
گدھا
ovelha
بھیڑ
cordeiro
میمنہ

cabra
بکری

vaca
گائے

bezerro
بچھڑا

porco
سؤر

leitão
سؤر کا بچہ

touro
سانڈ

quinta - کھیت

ganso

راج ہنس

pato

بطخ

pintaínho

چوزہ

galinha

مُرغی

galo

مُرغا

ratazana

چوہا

gato

بلی

rato

چوہا

boi

بیلچہ

cão

کُتا

casota

کُتے کا گھر

mangueira de jardim

گارڈن ہاؤس

regador

پانی کا کین

foice

درانتی

arado

ہل

foice

درانتی

enxada

بیلچہ

forquilha

ترنگل

machado

کلہاڑا

carrinho de mão

ہتہ گاڑی

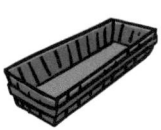

manjedoura

حوض

jarro de leite

دودھ کا کین

saco

تھیلا

cerca

باڑ

estábulo

اصطبل

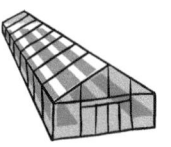

estufa

گرین ہاؤس

solo

مٹی

semente

بیج

fertilizante

فرٹیلائیزر

ceifeira-debulhadora

کمبائن ہارویسٹر

colher

فصل کاٹنا

colheita

فصل کاٹنا

inhame

افریقی آلو

trigo

گندم

soja

سویا

batata

آلو

milho

مکئی

colza

توریا کا تیل

árvore de fruto

پھلداردرخت

mandioca

کساوا

cereais

دلیہ

casa

chaminé
چمنی
telhado
چھت
caleira
نیچے جانے والا پائپ
janela
کھڑکی
garagem
گیراج
campainha da porta
دروازے کی گھنٹی
porta
دروازہ
balde do lixo
کوڑے کی ٹوکری
caixa de correio
لیٹر باکس
jardim
گارڈن

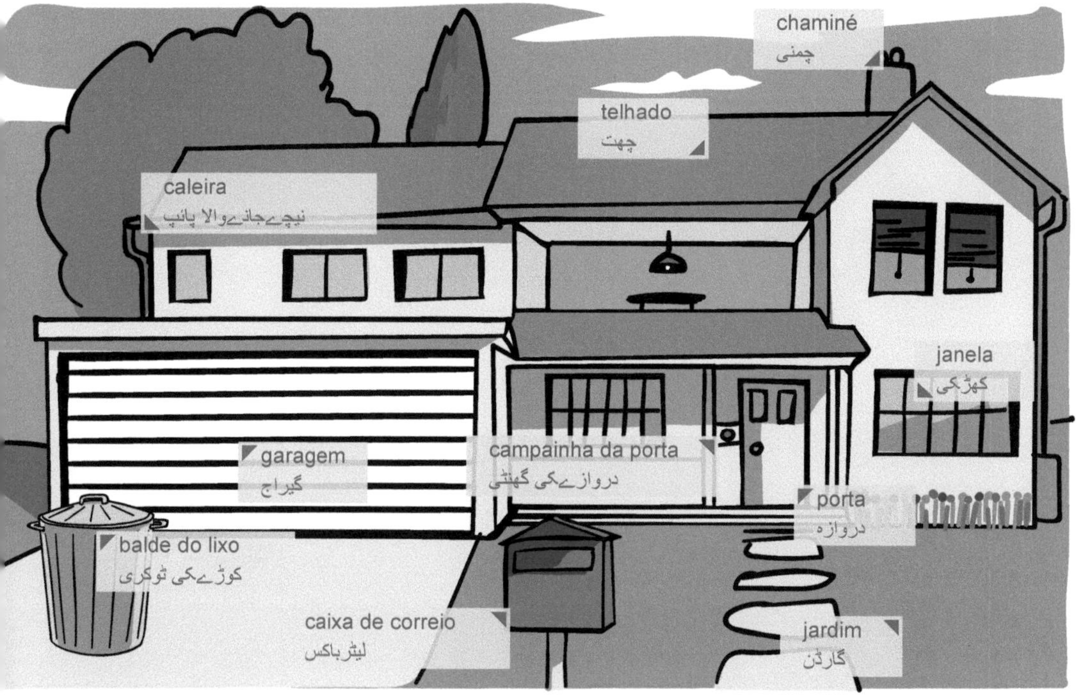

sala de estar

لوونگ روم

casa de banho

غُسل خانہ

cozinha

باورچی خانہ

quarto de dormir

بیڈروم

quarto de criança

بچوں کا کمرہ

sala de jantar

کھانے کا کمرہ

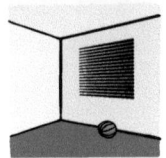

chão

فرش

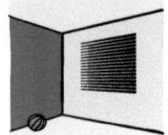

parede

دیوار

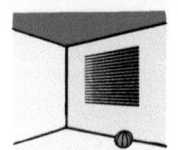

teto

چھت

cave

تہ خانہ

sauna

سوانا

varanda

بالکونی

terraço

ٹیریس

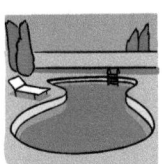

piscina

پول

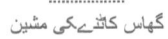

máquina de cortar relvado

گھاس کاٹنے کی مشین

lençol

چادر

cobertor

چادر

cama

بستر

vassoura

جھاڑو

balde

بالٹی

interruptor

سوئچ

sala de estar
لوونگ روم

وال پیپر
imagem
تصویر
lâmpada
لیمپ
prateleira
شیلف
armário
الماری
televisão
ٹیلی ویژن
lareira
آتش دان
flor
پھول
almofada
کشن
sofá
صوفہ
vaso
گلدان
controlo remoto
ریموٹ کنٹرول

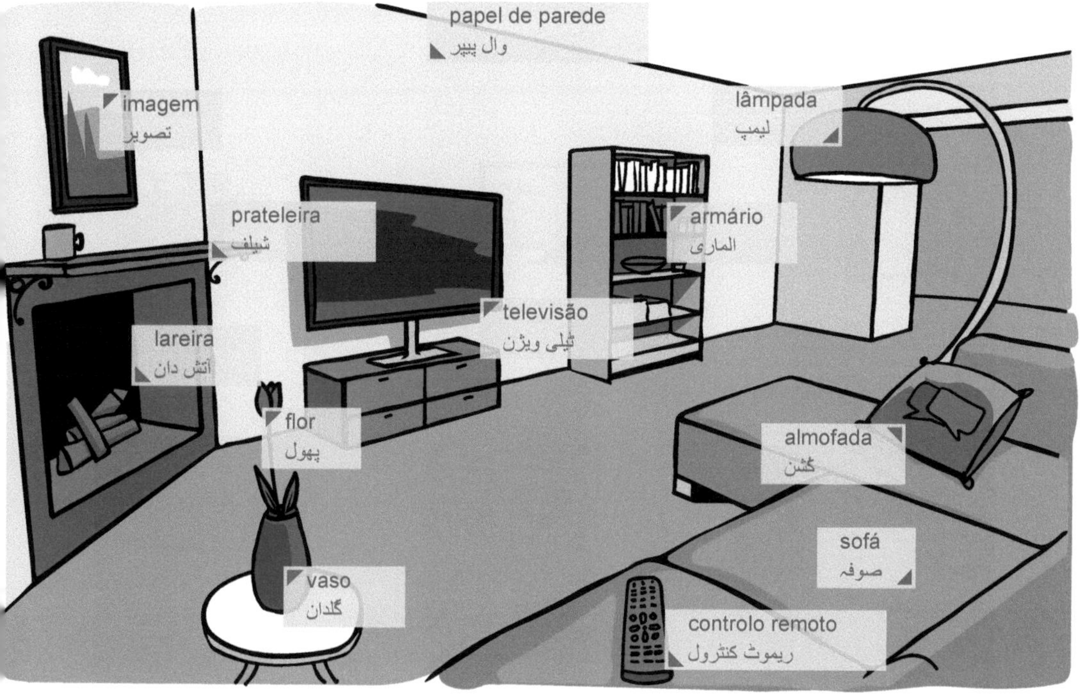

tapete

قالین

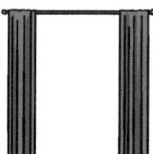

cortina

پردے

mesa

میز

cadeira

کُرسی

cadeira de baloiço

ہلنےوالی کُرسی

poltrona

آرام کُرسی

livro

كتاب

cobertor

كمبل

decoração

آرائش

lenha

جلانےکی لکڑی

filme

فلم

sistema estéreo

ہائی فائی

chave

چابی

jornal

اخبار

pintura

پینٹنگ

póster

پوسٹر

rádio

ریڈیو

bloco de notas

نوٹ بُک

aspirador

ویکیوم کلینر

cato

کیکٹس

vela

موم بتی

cozinha

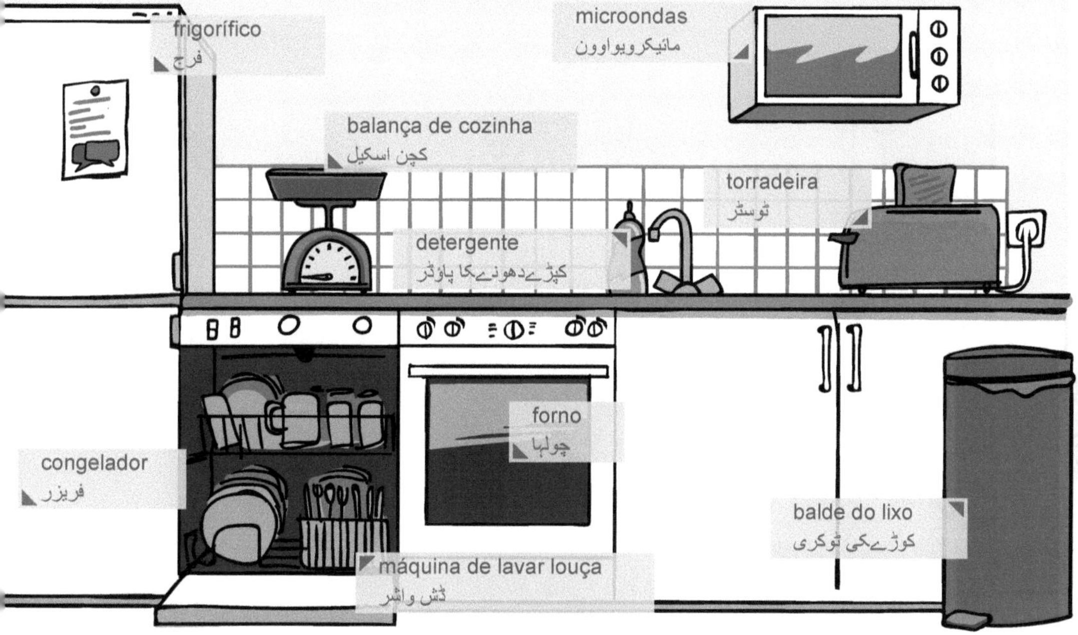

frigorífico
فرج
microondas
مائیکروویواوون
balança de cozinha
کچن اسکیل
torradeira
ٹوسٹر
detergente
کپڑےدھونےکا پاؤڈر
forno
چولہا
congelador
فریزر
balde do lixo
کوڑےکی ٹوکری
máquina de lavar louça
ڈش واشر

fogão

ڈکر

panela

برتن

panela de ferro

لوہےکا برتن

wok / kadai

کڑاہی

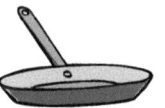

frigideira

برتن

chaleira

کیتلی

panela a vapor

اسٹیمر

tabuleiro de forno

بیکنگ ٹرے

louça

کراکری

caneca

مگ

tigela

پیالہ

pauzinhos

چاپ اسٹکس

concha de sopa

ڈوئی

espátula

کفچہ

batedor de claras

جھاڑودینا

escorredor

مقطر

peneira

چھلنی

ralador

گریٹر

almofariz

کونڈی

churrasqueira

باربی کیو

lareira

کھُلی آگ

tábua de cortar

چاپنگ بورڈ

rolo da massa

بیلن

saca-rolhas

کارک اسکریو

lata

کین

abridor de latas

کین اوپنر

luvas de forno

برتن پکڑنے والا کپڑا

lava-loiça

سنک

escova

برش

esponja

اسپونج

liquidificador

بلینڈر

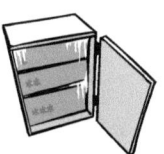

arca frigorífica

ڈیپ فریز

biberão

بچے کی بوتل

torneira

ٹونٹی

casa de banho

غُسل خانہ

aquecimento
toalha
تولیہ
chuveiro
شاور
cortina de chuveiro
شاورکرٹن
banho de espuma
ببل باتھ
banheira
باتھ ٹب
máquina de lavar roupa
واشنگ مشین
azulejos
ٹائلیں
torneira
ٹونٹی
copo
شیشہ
penico
پاٹی
lava-loiça
سنک

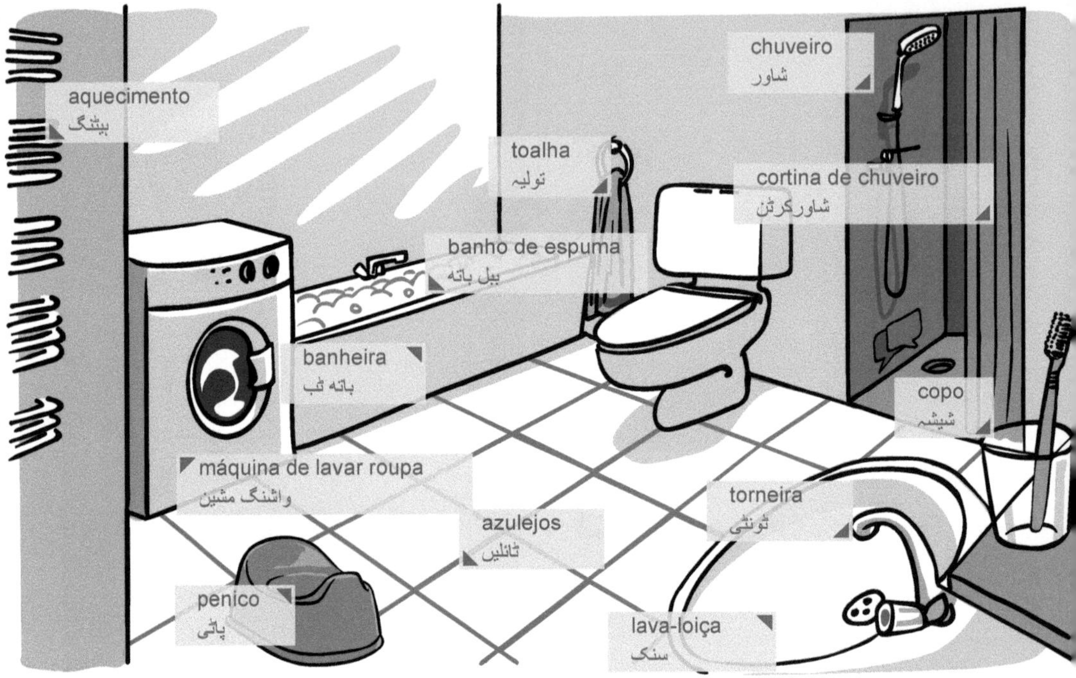

sanita

ٹائلٹ

retrete turca

دوزانوں بیٹھنے والی ٹائلٹ

bidé

نچلاحصہ دھونے کیلئے پاٹ

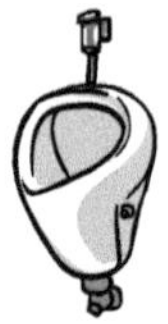

urinol

پیشاب گاہ

papel higiénico

ٹائلٹ پیپر

piaçaba

ٹائلٹ برش

escova de dentes

ٹوتھ برش

pasta de dentes

ٹوتھ پیسٹ

fio dentário

ڈینٹل فلاس

lavar

دھونا

chuveiro de mão

ہینڈ شاور

duche íntimo

شاور

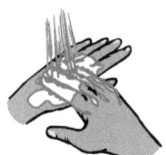

bacia

بیسن

escova para as costas

بیک برش

sabonete

صابن

gel de banho

شاورجل

champô

شیمپو

toalha de rosto

فلالین

escoamento

ڈرین

creme

کریم

desodorizante

ڈیوڈورنٹ

espelho

آئینہ

espelho de mão

ہاتھ میں پکڑا جانےوالا آئینہ

máquina de barbear

ریزر

creme de barbear

شیونگ فوم

loção pós-barba

آفٹرشیو

pente

کنگھی

escova

برش

secador de cabelo

ہیئرڈرائر

spray de cabelo

ہیئراسپرے

maquilhagem

میک اپ

batom

لپ اسٹک

verniz de unhas

نیل وارنش

algodão

روئی

tesoura para unhas

ناخن کاٹنےکی قینچی

perfume

پرفیوم

nécessaire

واش بیگ

tamborete

پاخانہ

balança

وزن کرنےکی مشین

roupão de banho

باتھ روب

luvas de borracha

ربڑکےدستانے

tampão

ٹیمپون

penso higiénico

سینیٹری ٹاول

WC químico

کیمیکل ٹائلٹ

quarto de criança

بچوں کا کمرہ

despertador
الارم کلاک
peluche
کڈلی ٹوائے
carro de brincar
کھلونا کار
chocalho
جُھنجھنا
casa de bonecas
گڑیا گھر
presente
موجود

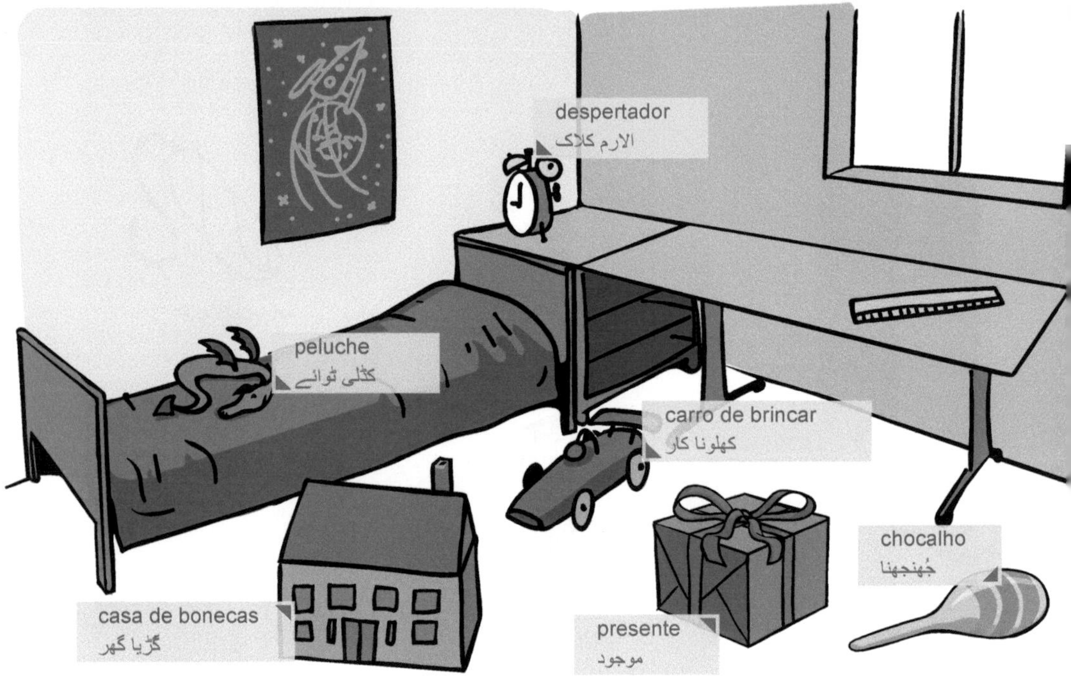

balão

غبارہ

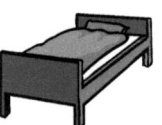

cama

بستر

carrinho de bebé

پرام

jogo de cartas

ڈیک آف کارڈز

quebra-cabeças

جگسا

banda desenhada

کامک

peças de Lego

لیگوبرکس

blocos de construção

کھلونا بلاکس

figura de ação

ایکشن فگر

fato de bebé

بچےکا لباس

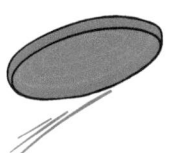

Frisbee

فرسبی

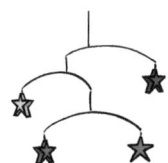

móbile para bebé

کھلونا موبائل

jogo de tabuleiro

بورڈ گیم

dados

ڈائس

pista de comboio elétrico

ماڈل ٹرین سیٹ

chupeta

ڈمی

festa

پارٹی

livro ilustrado

تصاویروالی کتاب

bola

گیند

boneca

گڑیا

jogar

کھیلنا

caixa de areia

سینڈ پٹ

baloiço

جھولا جھولنا

brinquedos

کھلونے

consola de jogos

وڈیوگیم کنسول

triciclo

تین پہیوں والی سائیکل

ursinho de peluche

ٹیڈی بیئر

guarda-roupa

کپڑوں کی الماری

vestuário

لباس

meias

موزے

meias pelo joelho

اسٹاکنگز

meias-calças

ٹائٹس

cachecol
اسکارف

guarda-chuva
چھتری

t-shirt
ٹی شرٹ

cinto
بیلٹ

botas
بوٹ

chinelos
سلیپر

sapatilhas
اسنیکرز

sandálias
سینڈل

sapatos
جوتے

botas de borracha
ربڑ کے بوٹس

cuecas
زیر جامہ

sutiã
بریزئیر

camisola interior
واسکٹ

body

جسم

calças

پتلون

calças de ganga

جینز

saia

اسکرٹ

blusa

بلاؤز

camisa

قمیض

pulôver

پُل اوور

camisola com capuz

سویٹر

blazer

بلیزر

casaco

جیکٹ

manto

کوٹ

gabardina

رین کوٹ

traje

کوئی خاص لباس

vestido

لباس

vestido de casamento

شادی کا لباس

fato

سوٹ

camisa de dormir

نائٹ گاؤن

pijama

پانجامہ

sari

ساڑھی

lenço de cabeça

سرپرلیا جانےوالا اسکارف

turbante

پگڑی

burca

بُرقع

cafetã

کفتان

abaya

عبایہ

fato de banho

تیراکی کا سوٹ

calções de banho

ٹرنک

calções

نیکر

fato de treino

ٹریک سوٹ

avental

اپرن

luvas

دستانے

botão

بٹن

óculos

عینک

pulseira

کنگن

colar

ہار

anel

انگوٹھی

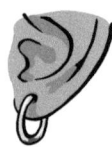

brinco

کانوں کی بالیاں

boné

ٹوپی

cabide

کوٹ ہینگر

chapéu

ہیٹ

gravata

ٹائی

fecho de correr

زپ

capacete

ہیلمٹ

suspensórios

بریسز

uniforme escolar

سکول یونیفارم

uniforme

وردی

babete

بب

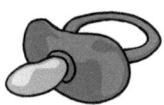

chupeta

ڈمی

fralda

نیپی

escritório

دفتر

servidor
سرور
armário de arquivo
فائلوں کی الماری
impressora
پرنٹر
papel
کاغذ
ecrã
مانیٹر
rato
ماؤس
secretária
میز
pasta
فولڈر
teclado
کی بورڈ
cesto de lixo
ویسٹ پیپرباسکٹ
computador
کمپیوٹر
cadeira
کُرسی

caneca de café

کافی مگ

calculadora

کیلکولیٹر

internet

انٹرنیٹ

computador portátil

لیپ ٹاپ

carta

خط

mensagem

پیغام

telemóvel

موبائل

rede

نیٹ ورک

fotocopiadora

فوٹوکاپئیر

software

سافٹ ویئر

telefone

ٹیلی فون

tomada elétrica

پلگ ساکٹ

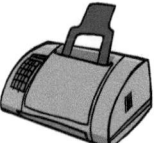

fax

فیکس مشین

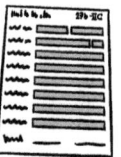

formulário

فارم

documento

دستاویز

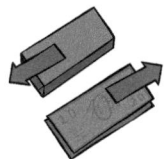

comprar

خریدنا

pagar

ادائیگی کرنا

negociar

تجارت کرنا

dinheiro

رقم

dólar

ڈالر

euro

یورو

yen

ین

rublo

روبل

franco suíço

سوئس فرانک

renminbi yuan

رینمنیبی یوآن

rupia

روپیہ

caixa de multibanco

کیش پوائنٹ

casa de câmbio

رقم تبدیل کرانے کیلئے دفتر

ouro

سونا

prata

چاندی

petróleo

خام تیل

energia

توانائی

preço

قیمت

contrato

معاہدہ

imposto

ٹیکس

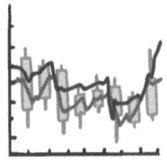

ação

اسٹاک

trabalhar

کام کرنا

empregado

ملازم

entidade patronal

آجر

fábrica

فیکٹری

loja

دکان

profissões

پیشے

agente da polícia
پولیس افسر
bombeiro
فائر مین
cozinheiro
خانساماں، کُک
médico
ڈاکٹر
piloto
پائلٹ

jardineiro

مالی

carpinteiro

ترکھان

costureira

درزن

juiz

جج

químico

کیمسٹ

ator

اداکار

motorista de autocarro

بس ڈرائیور

motorista de táxi

ٹیکسی ڈرائیور

pescador

مچھیرا

empregada de limpeza

صفائی کرنےوالی عورت

telhador

چھت بنانےوالا

empregado de mesa

ویٹر

caçador

شکاری

pintor

پینٹر

padeiro

بیکر

eletricista

الیکٹریشین

construtor

بلڈر

engenheiro

انجینئیر

talhante

قصائی

canalizador

پلمبر

carteiro

ڈاکیا

soldado

سپاہی

arquiteto

آرکیٹیکٹ

caixa

کیشئیر

florista

پھول بیچنےوالا

cabeleireiro

نائی

controlador de bilhetes

کنڈکٹر

mecânico

مکینک

capitão

کپتان

dentista

ڈینٹسٹ

cientista

سائنسدان

rabino

یہودی عالم

imã

امام

monge

راہب

pastor

پادری

ferramentas

اوزار

martelo
ہتھوڑا
alicate
پلائرز
chave de fendas
پیچ کس
lanterna
ٹارچ
chave inglesa
رینچ

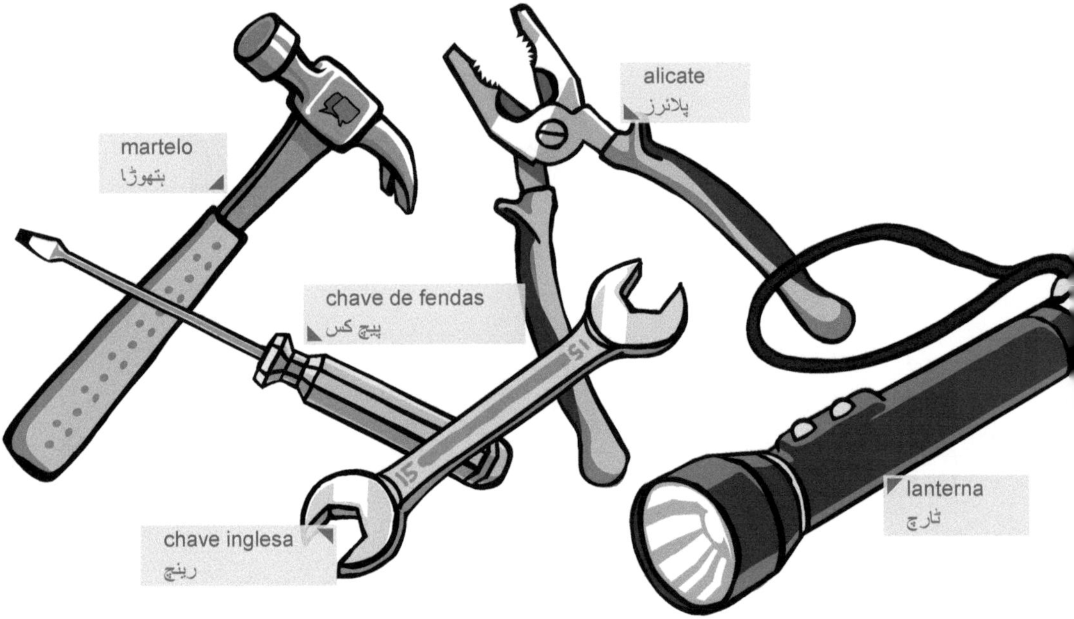

escavadora

ایکسکویٹر

caixa de ferramentas

ٹول باکس

escadote

سیڑھی

serra

آری

pregos

کیل

broca

ڈرل

reparar

مرمت کرنا

pá

بیلچہ

porcaria!

لعنت ہو!

pá de lixo

ڈسٹ پین

pote de tinta

پینٹ پاٹ

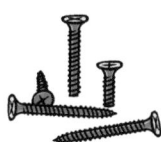

parafusos

پیچ

instrumentos musicais

آلات موسیقی

altifalante
لاؤڈ اسپیکر
bateria
ڈرم سیٹ
guitarra
گٹار
contrabaixo
ڈبل باس
trompete
بگل

piano

پیانو

violino

وائلن

baixo

موسیقی کی آواز

timbales

ٹمپانی

tambor

ڈھول، ڈرمز

teclado

کی بورڈ

saxofone

سیکسوفون

flauta

بانسری

microfone

مائیکروفون

entrada
داخلے کا راستہ

tigre
چیتا

gaiola
پنجرہ

zebra
زیبرا

ração animal
جانوروں کا چارہ

panda
پانڈا

animais
جانور

elefante
ہاتھی

canguru
کینگرو

rinoceronte
گینڈا

gorila
گوریلا

urso
ریچھ

camelo

اونٹ

avestruz

شُتر مُرغ

leão

شیر

macaco

بندر

flamingo

فلیمنگو

papagaio

طوطا

urso polar

قطبی ریچھ

pinguim

کبوتر

tubarão

شارک

pavão

مور

cobra

سانپ

crocodilo

مگرمچھ

guarda do jardim zoológico

چڑیا گھر کا محافظ

foca

سیل

jaguar

امریکی تیندوا

jardim zoológico - چڑیا گھر

pónei

ٹٹو

leopardo

چیتا

hipopótamo

دریائی گھوڑا

girafa

زرافہ

águia

عقاب

javali

سؤر

peixe

مچھلی

tartaruga

کچھوا

morsa

سمندری گھوڑا

raposa

لومڑی

gazela

غزال ہرن

desporto

کھیلیں

futebol americano
امریکن فٹ بال

ciclismo
سائیکلنگ

ténis
ٹینس

basquetebol
باسکٹ بال

natação
پیراکی

boxe
باکسنگ

hóquei no gelo
آئس ہاکی

futebol
فٹ بال

badminton
بیڈمنٹن

atletismo
اتھلیٹکس

andebol
ہینڈ بال

esqui
اسکیننگ

polo
پولو

62   desporto - کھیلیں

atividades
سرگرمیاں

saltar
چھلانگ لگانا
abraçar
گلے لگانا
rir
ہنسنا
cantar
گانا
andar
چلنا
sonhar
خواب دیکھنا
rezar
دُعا کرنا
beijar
چُومنا

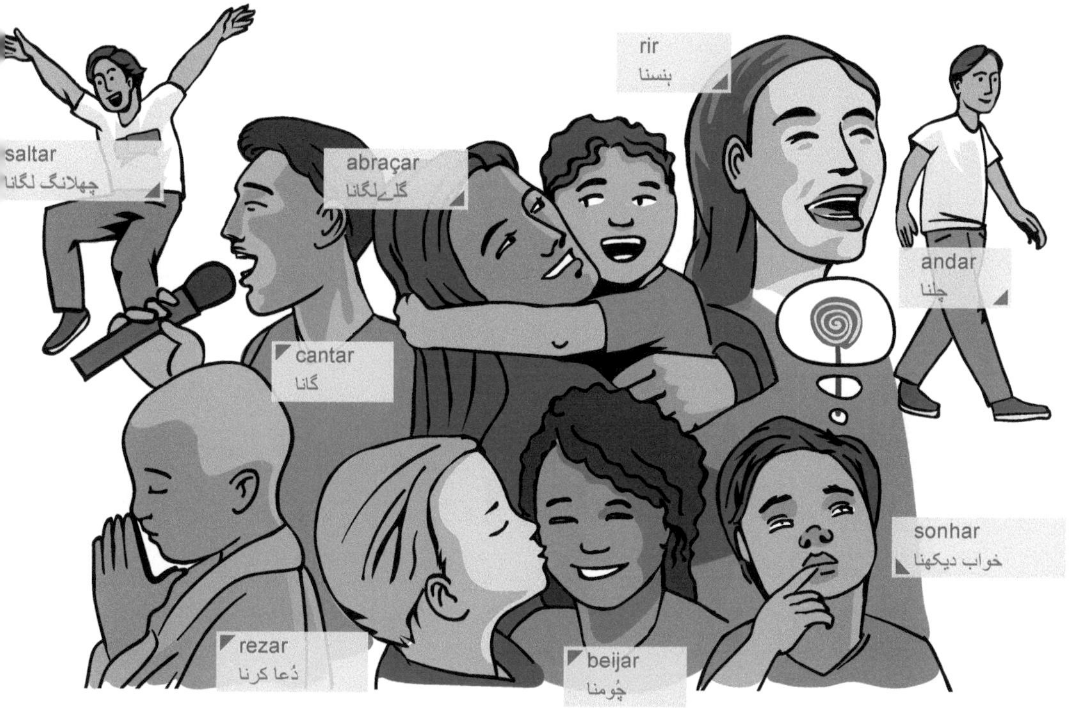

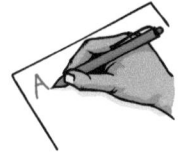

escrever
لکھنا

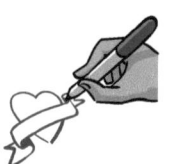

desenhar
تصویرکشی کرنا

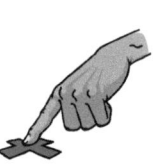

mostrar
دکھانا

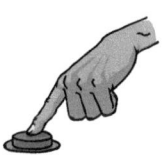

empurrar
آگےکی طرف دھکیلنا

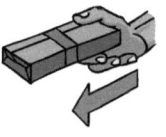

dar
دینا

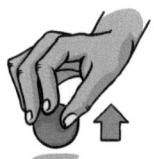

tomar
لینا

ter

رکھنا

fazer

کرنا

ser

ہونا

ficar de pé

کھڑا ہونا

correr

دوڑنا

puxar

کھینچنا

remessar

پھینکنا

cair

گرنا

deitar

جھوٹ بولنا

esperar

انتظار کرنا

carregar

اُٹھانا

sentar

بیٹھنا

vestir

ملبوس ہونا

dormir

سونا

acordar

جاگنا

olhar para

دیکھنا

chorar

رونا

acariciar

چوٹ لگانا

pentear

کنگھی کرنا

falar

بات کرنا

compreender

سمجھنا

perguntar

پوچھنا

ouvir

مُتوجہ ہونا

beber

پینا

comer

کھانا

arrumar

صاف کرنا

amar

پیارکرنا

cozinhar

پکانا

conduzir

گاڑی چلانا

voar

اُڑنا

velejar

بحری سفرکرنا

calcular

شمارکریں

ler

پڑھنا

aprender

سیکھنا

trabalhar

کام کرنا

casar

شادی کرنا

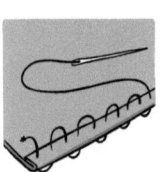

costurar

سینا

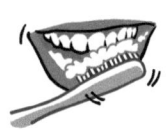

escovar os dentes

دانت صاف کرنا

matar

جان سےماردینا

fumar

تمباکونوشی کرنا

enviar

بھیجنا

avó
دادی
avô
دادا
pai
باپ
mãe
bebé
طفل
filha
بیٹی
filho
بیٹا

convidado

مہمان

tia

چچی

tio

چچا

irmão

بھائی

irmã

بہن

corpo

جسم

testa
ماتھا
olho
آنکھ
ombro
کندھا
dedo
انگلی
cara
چہرہ
queixo
ٹھوڑی
mão
ہاتھ
peito
چھاتی
perna
ٹانگ
braço
بازو

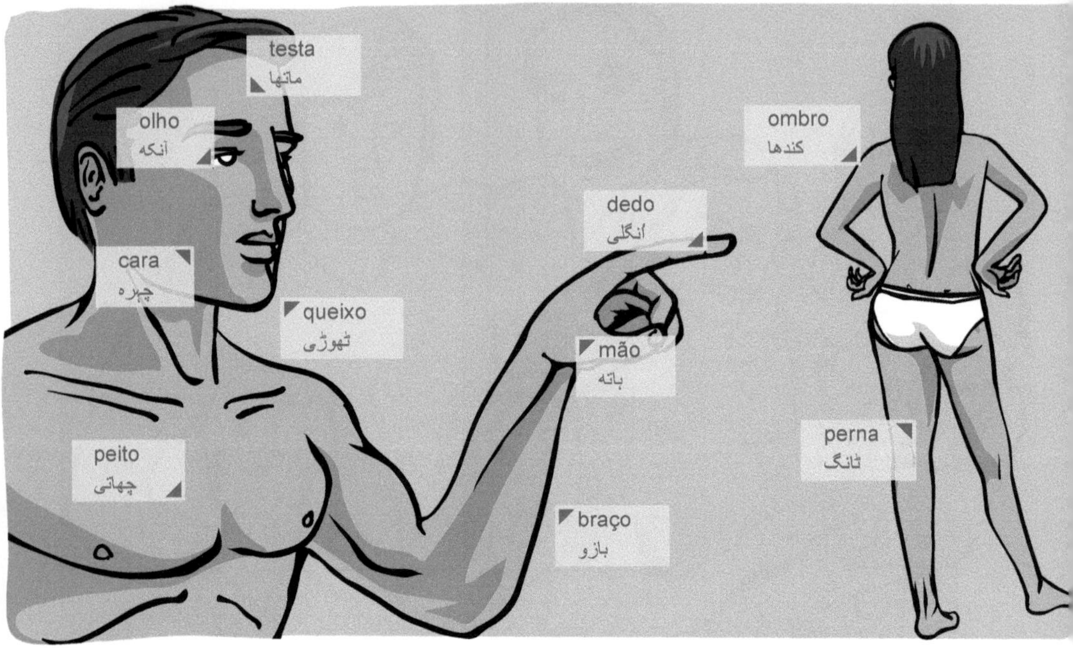

bebé

طفل

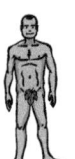

homem

آدمی

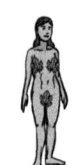

mulher

عورت

menina

لڑکی

menino

لڑکا

cabeça

سر

costas

کمر

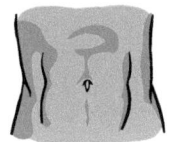

barriga

پیٹ

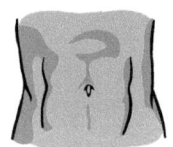

umbigo

ناف

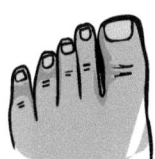

dedo do pé

پاؤں کا انگوٹھا

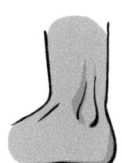

calcanhar

ایڑھی

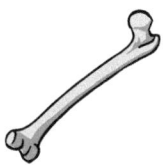

osso

ہڈی

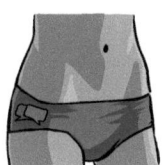

anca

کولہا

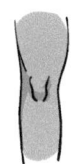

joelho

گھٹنا

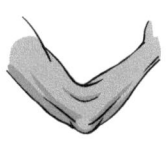

cotovelo

کہنی

nariz

ناک

nádegas

نچلا حصہ

pele

جلد

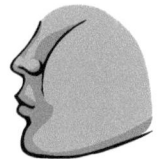

bochecha

گال

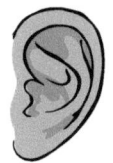

orelha

کار

lábio

ہونٹ

boca

مُنہ

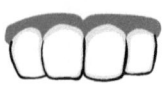

dente

دانت

língua

زُبان

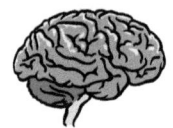

cérebro

دماغ

coração

دل

músculo

پٹھہ

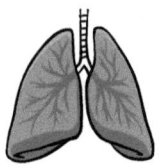

pulmão

پھیپھڑا

fígado

جگر

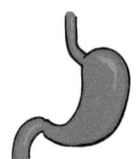

estômago

معدہ

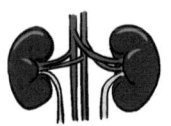

rins

گردے

relações sexuais

جنس

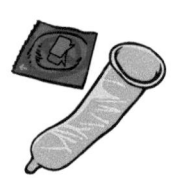

preservativo

کنڈوم

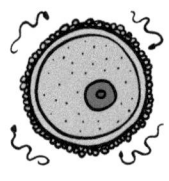

óvulo

بیضہ

esperma

ماده منویہ

gravidez

حمل

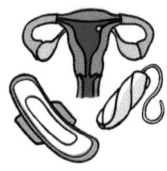

menstruação

حیض

vagina

اندام نہانی

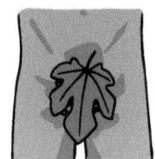

pénis

عضوتناسل

sobrancelha

بهنویں

cabelo

بال

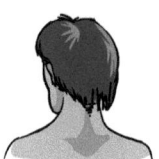

pescoço

گردن

hospital
هسپتال

ambulância
ایمبولینس
cadeira de rodas
وہیل چیئر
fratura
ہڈی ٹوٹنا

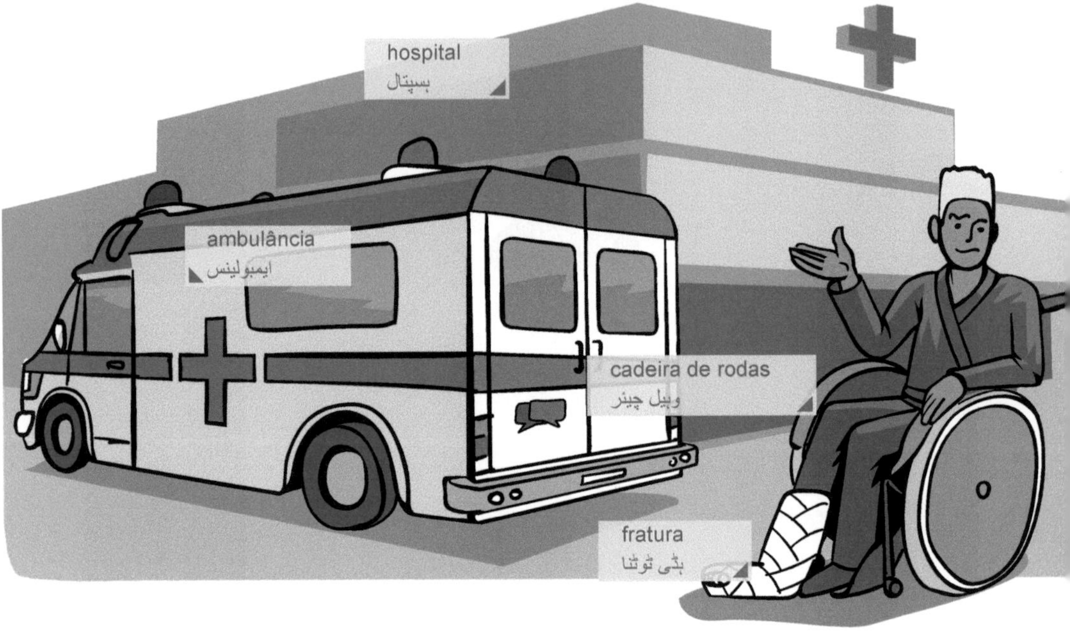

médico

ڈاکٹر

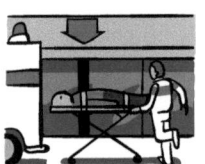

serviço de urgências

ہنگامی کمرہ

enfermeira

نرس

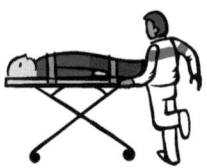

emergência

ہنگامی صورتحال

inconsciente

بےہوش

dor

درد

ferimento

زخم

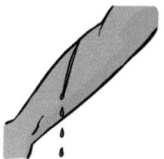

hemorragia

خون بہنا

ataque cardíaco

دل کا دورہ

acidente vascular cerebral

فالج

alergia

الرجی

tosse

کھانسی

febre

بخار

gripe

زکام

diarreia

اسہال

dor de cabeça

سردرد

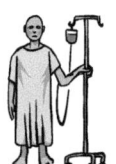

cancro

کینسر

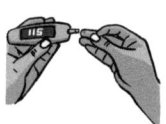

diabetes

ذیابیطس

cirurgião

سرجن

bisturi

نشتر

operação

آپریشن

CT

سی ٹی

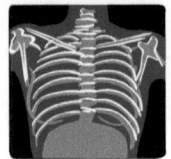

raio x

ایکس رے

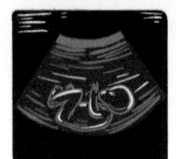

ultrassom

الٹراساؤنڈ

máscara

چہرے کا نقاب

doença

بیماری

sala de espera

انتظارگاہ

muleta

بیساکھی

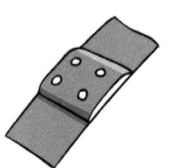

penso rápido

پلاسٹر

ligadura

پٹی

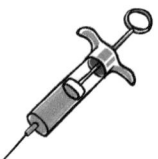

injeção

انجکشن

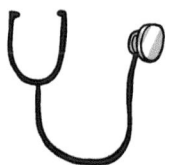

estetoscópio

اسٹیتھواسکوپ

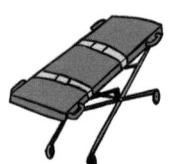

maca

اسٹریچر

termómetro

مطبی تھرما میٹر

nascimento

پیدائش

excesso de peso

حد سےزیادہ وزن

aparelho auditivo

آلہ سماعت

desinfetante

جراثیم کش

infeção

انفیکشن

vírus

وائرس

HIV / SIDA

ایچ آئی وی/ ایڈز

medicamento

دوا

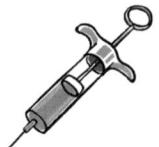

vacinação

ویکسی نیشن

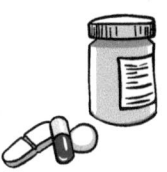

comprimidos

گولیاں

pílula

گولی

chamada de emergência

ہنگامی کال

dispositivo de medição de pressão arterial

بلڈ پریشر مانیٹر

doente / saudável

بیمار/ صحتمند

emergência

ہنگامی صورتحال

Socorro!

مدد!

alarme

الارم

assalto

مُجرمانہ حملہ

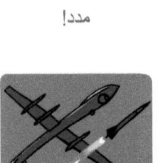

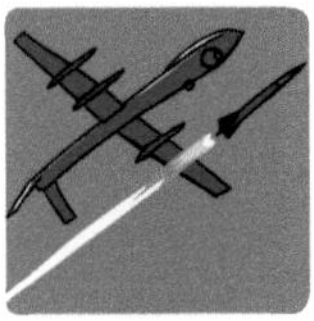

ataque

حملہ

perigo

خطرہ

saída de emergência

ہنگامی راستہ

Fogo!

آگ!

extintor de incêndios

آگ بُجھانےوالہ آلہ

acidente

حادثہ

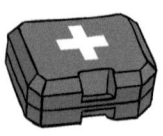

estojo de primeiros socorros

ابتدائی طبی امداد کی کٹ

SOS

ایس او ایس

polícia

پولیس

Europa

یورپ

América do Norte

شمالی امریکہ

América do Sul

جنوبی امریکہ

África

افریقہ

Ásia

ایشیا

Austrália

آسٹریلیا

Atlântico

بحراوقیانوس

Pacífico

بحرالکاہل

Oceano Índico

بحرہند

Oceano Antártico

بحرقُطب جنوبی

Oceano Ártico

بحرقُطب شمالی

Polo Norte

قُطب شمالی

Polo Sul

قُطب جنوبی

Antártica

انٹارکٹیکا

terra

زمین

país

زمین

mar

سمندر

ilha

جزیرہ

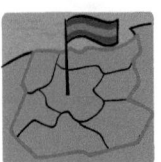

nação

قوم

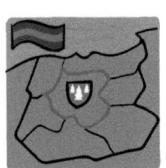

estado

ریاست

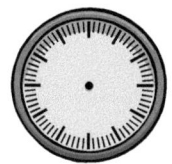

relógio
کلاک

mostrador do relógio

کلاک کا سامنےکا حصہ

ponteiro das horas

گھنٹوں والی سوئی

ponteiro dos minutos

منٹوں والی سوئی

ponteiro dos segundos

سیکنڈ ہینڈ

Que horas são?

کیا وقت ہوا ہے؟

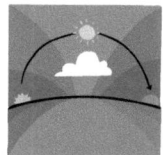

dia

دن

tempo

وقت

agora

اب

relógio digital

ڈیجیٹل گھڑی

minuto

منٹ

hora

گھنٹہ

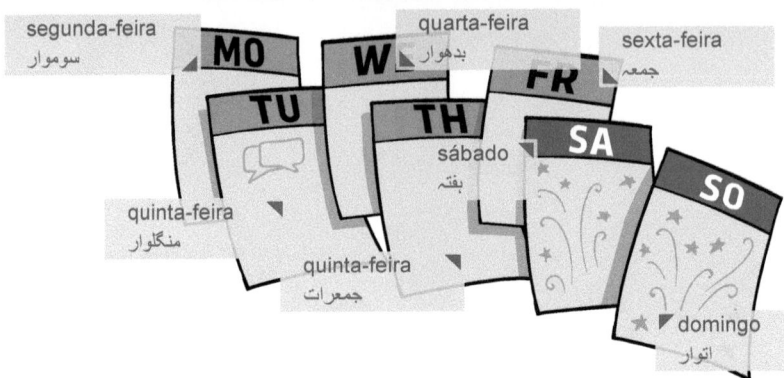

segunda-feira
سوموار

quarta-feira
بدھوار

sexta-feira
جمعہ

quinta-feira
منگلوار

sábado
بفتہ

quinta-feira
جمعرات

domingo
اتوار

ontem

گزرا کل

hoje

آج

amanhã

کل

manhã

صبح

meio-dia

دوپہر

entardecer

شام

dias úteis

کاروباری دن

fim de semana

بفتےکا اختتام

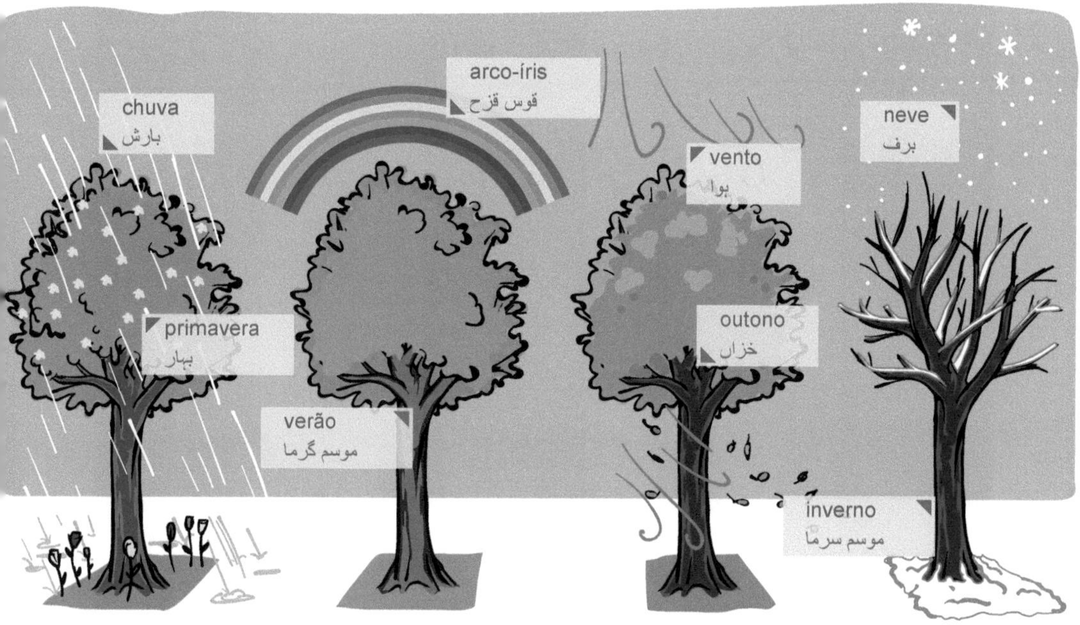

chuva
بارش

arco-íris
قوس قزح

vento
بوا

neve
برف

primavera
بهار

outono
خزان

verão
موسم گرما

inverno
موسم سرما

previsão do tempo

موسمی پیش گوئی

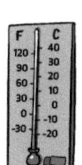

termómetro

تهرما میٹر

raios de sol

دهوپ

nuvem

بادل

neblina / nevoeiro

دُهند

humidade do ar

حبس

relâmpago

بجلی کوندھنا

trovão

بادلوں کی گرج

tempestade

طوفان

granizo

ژالہ باری

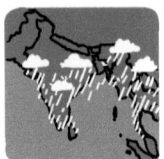

monção

مون سون

inundação

سیلاب

gelo

برف

janeiro

جنوری

fevereiro

فروری

março

مارچ

abril

اپریل

maio

مئی

junho

جون

julho

جولائی

agosto

اگست

setembro

ستمبر

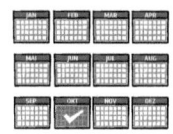

outubro

اکتوبر

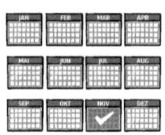

novembro

نومبر

dezembro

دسمبر

formas

اشکال

círculo

دائره

quadrado

چوکور

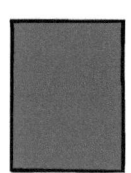

retângulo

مُستطیل

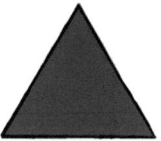

triângulo

تکون

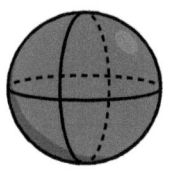

esfera

گره

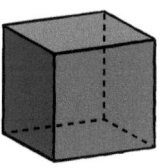

cubo

مکعب

cores

رنگ

branco

سفید

amarelo

پیلا

laranja

نارنجی

rosa

گلابی

vermelho

سُرخ

lilás

جامنی

azul

نیلا

verde

سبز

castanho

بھورا

cinzento

مٹیالا

preto

سیاہ

84   cores - رنگ

opostos
مخالف

muito / pouco
بہت زیادہ / بہت کم

furioso / calmo
ناراض / پُرسکون

lindo / feio
خوبصورت / بدصورت

princípio / fim
آغاز / اختتام

grande / pequeno
بڑا / چھوٹا

claro / escuro
روشن / اندھیرا

irmão / irmã
بھائی / بہن

limpo / sujo
صاف / گندا

completo / incompleto
مکمل / نامکمل

dia / noite
دن / رات

morto / vivo
زندہ / مُردہ

largo / estreito
چوڑا / تنگ

comestível / não comestível

کھانے کے قابل ہونا / کھانے کے قابل نہ ہونا

mau / gentil

بُرا / اچھا

entusiasmado / entediado

پُرجوش / بوریت کا شکار

gordo / magro

موٹا / دُبلا

primeiro / último

پہلا / آخری

amigo / inimigo

دوست / دُشمن

cheio / vazio

بھرا ہوا / خالی

duro / macio

سخت / نرم

pesado / leve

بوجھل / ہلکا

fome / sede

بھوک / پیاس

doente / saudável

بیمار / صحتمند

ilegal / legal

غیرقانونی / قانونی

inteligente / burro

عقلمند / بیوقوف

esquerda / direita

بائیں / دائیں

perto / longe

نزدیک / دور

novo / usado

نیا / پُرانا

nada / algo

کچھ نہیں / کچھ ہے

velho / jovem

بوڑھا / نوجوان

ligado / desligado

آن / آف

aberto / fechado

کُھلا / بند

baixo / alto

خاموش / بُلند آواز

rico / pobre

امیر / غریب

certo / errado

ٹھیک / غلط

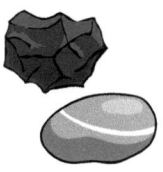

áspero / liso

کھُردرا / ہموار

triste / feliz

افسردہ / خوش

curto / longo

مُختصر / طویل

lento / rápido

آہستہ / تیز

molhado / seco

گیلا / خُشک

ameno / fresco

گرم / ٹھنڈا

guerra / paz

جنگ / امن

0

zero

صفر

1

um

ایک

2

dois

دو

3

três

تین

4

quatro

چار

5

cinco

پانچ

6

seis

چھ

7

sete

سات

8

oito

آٹھ

9

nove

نو

10

dez

دس

11

onze

گیارہ

12

doze

باره

13

treze

تیره

14

catorze

چوده

15

quinze

پندره

16

dezasseis

سولہ

17

dezassete

سترہ

18

dezoito

اٹھارہ

19

dezanove

اُنیس

20

vinte

بیس

100

cem

سو

1.000

mil

ہزار

1.000.000

milhão

دس لاکھ

idiomas

زبانیں

inglês

انگریزی

inglês americano

امریکی انگریزی

chinês mandarim

چینی مینڈارین

hindi

ہندی

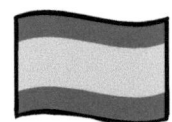

espanhol

ہسپانوی

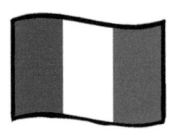

francês

فرانسیسی

árabe

عربی

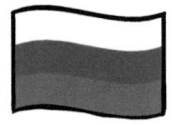

russo

روسی

português

پُرتگالی

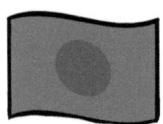

bengalês

بنگالی

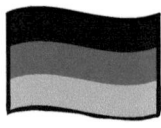

alemão

جرمن

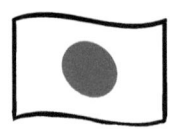

japonês

جاپانی

quem / o quê / como

کون / کیا / کیسے

eu

میں

tu

تم

ele / ela

وہ (لڑکا) / وہ (لڑکی) / یہ

nós

ہم

vós

تم

eles / elas

وہ

quem?

کون؟

o quê?

کیا؟

como?

کیسے؟

onde?

کہاں؟

quando?

کب؟

nome

نام

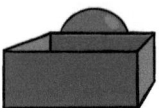

onde

کہاں

atrás

پیچھے

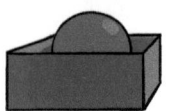

em

میں

à frente de

کےسامنے

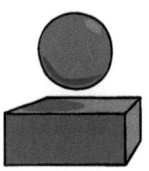

sobre

اوپر

em cima

پر

debaixo

نیچے

ao lado

ساتھ

entre

درمیان

lugar

جگہ